自在拉伸手册

The Lazy Person's Guide to Exercise

〔英〕苏珊·E.克拉克 著　李剑霞 译

大连理工大学出版社

Dalian University of Technology Press

©The original work *The Lazy Person's Guide to Exercise* was published in 2022 by OH Editions, an imprint of Headline Publishing Group Limited, Headline Publishing Group, an Hachette UK company. The simplified Chinese translation rights were arranged through Rightol Media. (本书中文简体版权经由锐拓传媒取得。)

简体中文版 © 2023 大连理工大学出版社
著作权合同登记 06-2023 年第（07）号
版权所有·侵权必究

图书在版编目（CIP）数据

自在拉伸手册 / (英) 苏珊·E.克拉克著；李剑霞译. -- 大连：大连理工大学出版社，2025.3
书名原文：The Lazy Person's Guide to Exercise
ISBN 978-7-5685-4879-3

Ⅰ.①自… Ⅱ.①苏…②李… Ⅲ.①健身运动—手册 Ⅳ.①G883-62

中国国家版本馆CIP数据核字（2024）第010508号

自在拉伸手册
ZIZAI LASHEN SHOUCE

大连理工大学出版社出版
地址：大连市软件园路80号   邮政编码：116023
营销中心：0411-84707410   84708842   邮购及零售：0411-84706041
E-mail：dutp@dutp.cn   URL：https://www.dutp.cn
辽宁新华印务有限公司印刷   大连理工大学出版社发行

幅面尺寸：140mm×210mm   印张：4   字数：108千字
2025年3月第1版   2025年3月第1次印刷

责任编辑：张 泓   责任校对：李舒宁
封面设计：杨春明

ISBN 978-7-5685-4879-3   定价：88.00元

本书如有印装质量问题，请与我社营销中心联系更换。

引　言

　　简单的拉伸是锻炼身体的一种新方法，我们甚至不需要起床或站立就可以完成。

　　研究显示，拉伸对保持肌肉强壮和关节灵活很重要。缺少拉伸的肌肉会变得更短、更紧，因此，拉伸和有氧健身或肌肉锻炼一样重要。当我们做最简单的日常家务时，比如伸手拿放在橱柜后面的装饰彩色糖珠，或把货物从车里抬出来，紧张的肌肉可能会导致身体受伤。

　　运动科学家强调，每日进行拉伸练习和运动有益于身体健康。但幸运的是，拉伸和运动的场所并不是决定性因素。因此，只要掌握一些技巧，我们就可以随时随地安全地进行拉伸，甚至不必离开家就可以享受拉伸的益处。

　　如果你觉得拉伸听起来很难坚持。别慌！你不需要每天都拉伸每一块肌肉。但是，如果你每天能抽出10~15分钟来完成本书中简单而有趣的拉伸练习，你很快就能体会到拉伸的益处。

　　坚持练习一段时间后，不论行走还是站立，你会感觉到自己的身体更挺拔、更灵活了。

自由练习

遗憾的是，久坐不动的生活方式并不是身体灵活性降低的唯一原因。

我们的身体会随着年龄的增长而变得僵硬——当你成年时，身体组织已经失去了15%的水分。这会使你的身体变得不那么柔软，且更容易受伤。

随着肌肉的收缩，曾经富有弹性的肌肉被连接它们的厚重结缔组织缠住，变得越来越不听使唤。

拉伸运动可以延缓这一过程。它还会刺激钙元素的产生，帮助肌肉恢复弹性。

除此之外，缓慢而专注的拉伸运动还可以帮助你放松身心，缓解压力。

最后，如果你对于拉伸练习有任何顾虑，最好咨询一下医生。

如何使用这本书？

本书介绍了多种可改善身体灵活性的拉伸练习。灵活性的改善程度取决于你的练习时间和练习方法。

七个目标身体部位和肌肉群、七种不同的动作和七个不同的场景组成了拉伸练习的基础。书中有很多不同的组合和轻松的方法将它们融入你的生活。

下面有一些帮助你入门的建议，但你也可以制定属于自己的时间表，因为你最了解自己的身体状况。

场景

1. 睡床
2. 浴缸
3. 沙发
4. 厨房
5. 书桌
6. 交通工具
7. 处理杂务

动作

1. 伸展
2. 弯腰
3. 扭转
4. 抬举
5. 踏步/跳跃
6. 拉伸
7. 保持

目标身体部位和肌肉群

1. 肩部
2. 颈部
3. 下背部
4. 小腿
5. 腘绳肌
6. 髋屈肌
7. 股四头肌

1. 你可以每天选择一个目标身体部位或肌肉群、一个场景和一个动作。

2. 你可以每天选择一个场景，针对你想要锻炼的身体部位或肌肉群，根据所选场景选择七种动作中的一种。例如，如果你一整天都坐着，就可以选择拉伸腘绳肌或放松下背部的拉伸练习。

3. 你可能更喜欢待在一个场景中，在时间允许的情况下，对七个目标身体部位或肌肉群进行一次从头到脚的拉伸练习。

4. 你也可以在某一天选择一个自己喜欢的拉伸组合。例如，如果你早上醒来后要做的第一件事就是拉伸，那么伸展、拉伸和扭转动作将会很好地温暖你的关节和肌肉，帮助你为接下来的一天做好准备。

每一个拉伸动作都是它之前和之后的拉伸动作的补充，但它们各自发挥着均衡的作用。如果你想更快一些使身体受益，那么试着每周至少做三次30分钟的拉伸练习。你也可以每周练习六天，休息一天，每天只练习15分钟。

因为我们的共同目标都是让事情简单化，让生活轻松化，所以你可以一边做拉伸练习，一边看电视或在办公桌旁处理其他事务。

现在你了解了拉伸练习的理论和结构，让我们一起开始你的第一组拉伸练习吧！

目　录

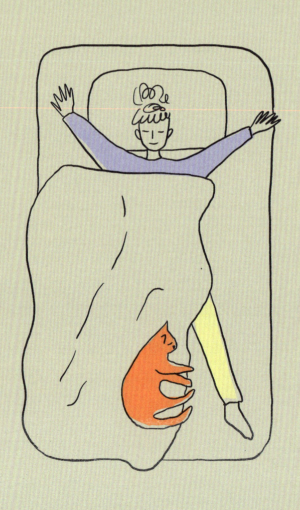

第一章
睡床上的拉伸

还有什么地方比舒适的床更能让你放松,让你的身体享受既轻松又有效的锻炼呢?这是开始新一天的完美方式——在充满了无限可能的一天,你可以在早晨的阳光下拉伸四肢。你所需要的就是在被子下面(或在被子上面)多待30分钟,让你的身体完成一次温和的拉伸练习。

需要注意的是,如果你较长时间都没有进行过拉伸练习,那么应轻柔地开始,谨慎地测试你的身体极限,防止给身体带来任何损伤!

#1 铅笔式

这是一种令人愉快的全身拉伸方式——当你尽可能地将身体伸展开时，内脏也会得到有益的拉伸。

→ 仰卧。吸气的同时举起双臂，并将双臂放在头部两侧。

→ 保持肘部紧贴耳朵，然后进一步伸展手臂，将身体拉长。呼气。

→ 向下轻轻拉伸脚踝，以拉伸躯干中段和双腿。

→ 吸气，想象整个身体从头到脚伸展成一条长长的线。

作用及部位：

拉伸肩部、脊柱下部。

小提示：

全身拉伸会给下背部带来紧张感。如果你有这种紧张感，那么在背部放一个枕头或垫子，以获得额外的支撑。

如果这样仍然有点不舒服，就抬高膝盖，只专注于将手臂拉伸过头顶。

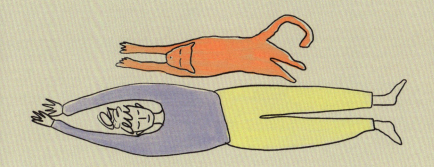

→ 尽力拉伸你的身体……然后微微拉伸得再多一点。呼气。

→ 在拉伸到身体的极限时，屏住呼吸，默数到5（熟练后可以默数到10或20）。

→ 放松呼吸，但仍然保持仰卧，为下一个床上拉伸练习做好准备。

#2   海星式

→ 仰卧，身体呈一条直线，就像铅笔式一样。吸气，双臂向下移动，展开成宽V字形。尽力伸展身体，然后呼气。

→ 再次吸气，双腿向床尾两侧移动，在海星式中放松。

→ 深呼吸，默数到5（熟练后可以默数到10或20）。

→ 呼气，放松。花点时间享受唤醒身体的感觉，然后回到最初的铅笔式。

→ 重复海星式，但这一次，当身体拉伸到极限时，闭上眼睛，吸气，慢慢地将头部转向右侧。

作用及部位：

　　拉伸和激活核心腹肌，释放颈部
肌肉积累的紧张感。

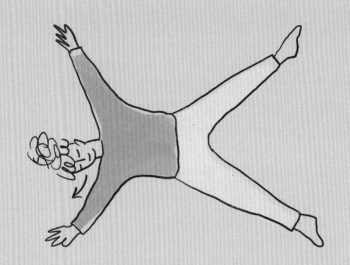

→ 仔细感受上背部的拉伸，同时也应
　该感受到颈部另一侧的拉伸。

→ 呼气并保持拉伸，默数到5（熟练后
　可以默数到10或20）。

→ 吸气，慢慢将头部回正。呼气，慢
　慢将头部转向左侧。

→ 转动头部，每侧重复三次。

→ 最后一次重复动作结束时，在海星
　式中放松，默数到5（熟练后可以
　默数到10或20）。

→ 最后，将手臂放到身体两侧，双腿
　并拢。

#3 倚靠自己式

→ 翻转身体，俯卧。保持头部侧转，感受前两个拉伸动作给身体带来的舒适感觉。

→ 当身体准备好后，深呼吸，用手臂撑起上半身，以狮身人面像般的姿势休息，并用肘部做支撑，双手托住下颌。呼气。

作用及部位：

　　放松下背部。

灵活脊柱的益处：

　　锻炼更强壮的核心肌群；降低背部疼痛和受伤的风险；获得更好的身体姿态；获得更好的平衡能力；灵活的脊柱也是快乐的脊柱！

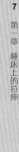

→ 当身体以倾斜的姿势休息时，注意感受下背部向外、向上的拉伸，保持上半身挺直并用手臂支撑。

→ 组成脊柱的每一根椎骨都会展开并得到拉伸，这有助于保持脊柱的弹性。

→ 保持这个姿势和呼吸，默数到5（熟练后可以默数到10或20）。

#4 折叠睡衣式

（睡衣是穿在身上的！）

→ 在床上坐直，腿部向前伸展。

→ 保持这个坐姿并做几次深呼吸，然后尽可能地拉伸双脚。

→ 你会感觉到拉伸逐渐开始缓解小腿积累的紧张感。

→ 花点时间享受拉伸脚跟的舒适感。当你准备好后，闭上双眼，深呼吸，同时将双臂举过头顶，肘部紧贴耳朵。

→ 保持这个姿势，默数到5。呼气时，慢慢地让身体向前伸展。

→ 双眼保持闭合。身体应从臀部（而不是腰部）开始向前伸展。不要强迫自己或用力向前伸展，尽量让身

作用及部位：

拉伸下背部、腘绳肌和小腿。

小提示：

笔者没有太多有关折叠衣物这类家务的经验，但涉及"折叠"身体时，你要记住的就是让身体自然弯曲。

应从臀部开始，而不是从腰部开始向前伸展。

用呼吸配合身体，使下背部的肌肉变柔软，这将使你舒适而毫不费力地向前伸展。放轻松。

体放松。

→ 如果可以做到，则向前伸展并用手指抓住脚趾。如果做不到，则只要轻轻地抓握小腿，而不要抓握脚踝或膝关节。

→ 在这个姿势中停留片刻，专注于呼吸。你将注意到，随着每一次呼气，身体会逐渐放松，向前伸展的幅度逐渐变大，头部会更靠近膝盖。

→ 保持向前伸展的姿势，感受深呼吸。

#5 犬跪俯卧式

自
在
拉
伸
手
册

→ 面对床头，跪坐在床上。

→ 深吸一口气，慢慢向前拉伸，将额头落在床上，休息。

→ 将手臂放在身体两侧放松，闭上双眼。

→ 将自己想象为子宫里的胎儿，在外界各种模糊的声音中，你能听到的只有母亲的心跳声。

→ 跟随呼吸的节奏，闭上双眼，沉入这种深度放松的拉伸中，这将释放

作用及部位：

　　轻轻地拉伸大腿后侧的腘绳肌，并有助于镇定大脑和神经系统，因此可以在感到焦虑或紧张时做这个拉伸动作。

小提示：

　　你还可以请家人或室友提供帮助，将他的一只手的掌根放在你的脊柱顶部，另一只手的掌根放在下背部的中间来加深拉伸。通过施加温和的压力拉长你的脊椎，加深拉伸。

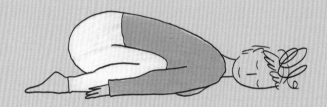

下背部和腿部后侧上部的紧张感。（这两个位置在上一个动作中也受到了拉伸。）

→ 可以在这个姿势中尽可能保持得久一些。

→ 你可能感觉不到身体的变化，但你的身心状态都会很好。

#6　俯卧拉伸式

　　你见过跑步者一条腿站立，另一条腿膝盖弯曲的热身动作吗？接下来，你也要做同样的动作，但是因为我们喜欢把所有事情简单化，所以你可以俯卧在床上完成这个体式。

→ 面部朝下俯卧在床上，然后将头部转向右侧，以避免影响呼吸。

→ 弯曲右膝，右腿的下半部抬高到身后，并用右手抓握右脚踝。

→ 深呼吸，放松，深度而舒适地拉伸股四头肌。

作用及部位：

　　拉长位于大腿前方的股四头肌。

　　当你睡觉时，你的身体忙于制造一种重要的激素——褪黑素，它控制着身体的醒睡周期。它还会让你感到舒适和放松。一旦天亮，褪黑素的生产水平就会下降（因此在黑暗的环境中睡觉很重要）。但这一变化是渐进的，清晨时分身体中的褪黑素水平仍然高于白天。这就是在早起时，我们都很自然地想蜷缩在被窝里，紧紧抓住舒适的被子的原因。

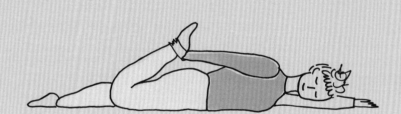

→ 放慢呼吸，保持平静而自然的呼吸节奏，保持这个拉伸动作，默数到5（熟练后可以默数到10或20）。

→ 完成右腿的拉伸后，再进行左腿的拉伸。

#7 跳跃青蛙式

是时候发现隐藏在你内心的那只"小青蛙"了! 这个动作可能有点好笑,但你的身体,尤其是髋部会受益。

→ 从上一个拉伸动作中出来,上身坐直,将手伸到身体前面以保持平衡。蹲坐,脚尖用力,脚跟并拢。这个动作能够打开髋部。

→ 可以把指尖落到床上以帮助身体保持平衡。身体现在应该像一只准备跳跃的青蛙。并拢脚跟,闭上双眼。尽可能打开腹股沟区域,膝盖向两侧拉伸。

→ 提起下颌,使喉部得到拉伸。尽量保持静止不动。

作用及部位：

通过拉伸髋部伸肌打开髋部。你第一次拉伸髋部时，通常会感到髋部肌肉绷得非常紧。

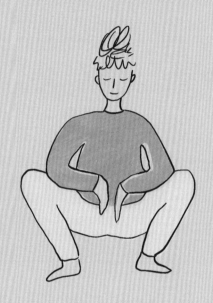

→ 肘部推压腿部内侧上端，进一步将膝盖向外推。

→ 保持这个姿势，享受这种有力的拉伸。

→ 令人遗憾的是，现在要起床开始新的一天了。然而，好消息是，你的身体现在得到了很好的拉伸，并且已经为一天中将发生的任何事情做好了准备！

第二章
浴缸中的拉伸

　　我们大都见过一只猫躺在阳光下，伸展着整个身体的样子……它看起来十分舒适。伸展与舒适的状态是密不可分的，所以，你只要进入浴缸，闭上眼睛，让自己与世界隔绝，放松一下，就能对你的肌肉起到帮助作用。

　　温水可以扩张血管，促进血液循环。因此，它也会为肌肉带来更多的氧气和营养物质，帮助肌肉恢复弹性。

　　此外，浴缸的浮力会让你感觉比在陆地上做一些动作更容易。

　　仔细想来，可能没有比浴缸更好的地方来做拉伸了，尤其是需要保持住深入拉伸状态的动作。

拉伸你的肌梭

在这一节中,你将会读到关于肌梭的问题。这里有一个小问题考考你:

自
在
拉
伸
手
册

你的肌梭在哪里?

A. 和你遗忘已久的健身衣一起放在洗衣篮里。

B. 在一张很长的待办事项清单的末尾。

C. 在一本旧的生物书里。

正确答案是……上述答案都不对。没错,每个人都拥有肌梭,但是要弄清楚它们在哪里以及它们的用途,你需要了解肌梭的知识。

我们的身体有内置的"伸展探测器"，也就是大多数人从未听说过的肌梭。它们是非常小的本体感受器，与我们的肌肉一起运行，保护我们免受过度拉伸的影响。

通过这些练习，我们可以训练身体的"伸展探测器"，让肌肉得到更大幅度的（同时也是安全的）伸展，并获得更好的灵活性，同时也能保护肌肉。

但我们只有在知道如何做的时候才能达到此目的。这就是这一节的全部内容。

#1 小鸡展翅式

→ 面朝浴缸的一端，正坐在坐骨上。
（如果不确定坐骨在哪里，就试着
去找一下！用手指在臀部上试着找
到它们——你要在臀部两侧各找到
一个！）

→ 将双手放在肩部。拇指放在肩部后
侧，其他四指放在肩部上面，使肘

部打开。将肘部进一步向上和向后
拉，这样就能真正体验到拉伸的感
觉。

→ 将双臂想象成你的一对小翅膀。在
上一章中，我们发现了内心隐藏的
"小青蛙"，现在要去探索内心隐
藏的"小鸡"了。

作用及部位：

　　拉伸肩关节和上背部的斜方肌。

小提示：

　　学小鸡咯咯叫也许能帮助你投入这个拉伸动作。你可以关上卫生间的门或开大音乐声，这样其他人就听不到了。否则，其他人可能会认为你真的"发小鸡疯"了！

→ 吸气，向后旋转 "双翅"，肩部向后移动的同时将胸部向外推，呼气的同时将肩部再次向前移动。

→ 在这个动作中，真正做到拉伸的最好方法是，闭上双眼想象肘部在空中画大大的圆圈（这个拉伸的关键是必须旋转肩袖）。

→ 一旦你掌握了这个动作的诀窍，试着让肘部尽可能画出大的圆圈。

→ 旋转5次后，换相反方向再旋转5次（随着你的进步，可以旋转10次或20次）。

→ 在做出这些活动幅度大的动作时，你会真正感觉到肩部和背部顶部的肌肉在收紧和放松。

#2 背部深拉伸式

→ 完成肩部旋转后，将双手紧握在一起，手臂放到背后。

→ 将身体向前伸展，双臂从肩关节部位开始向上、向外伸展。

→ 这不是一个简单的动作，所以不要强迫自己完成。你可能需要一些时间来掌握这个动作。你要做到抬高手臂，打开肩关节。

→ 一旦达到了拉伸极限，则将手臂再抬高一点点，然后保持不动。

作用及部位：

　　拉伸肩关节以及所有支撑中
背部和上背部的肌肉。

→ 当身体向下伸展，手臂抬高时，相
　信肌梭的调节能力能够帮助你进一
　步拉伸。保持伸展，默数到5（熟
　练后可以默数到10或20）。

→ 完成拉伸后，放下手臂，身体回到
　坐姿，重新躺回温水中，以放松刚
　刚努力完成拉伸动作的所有肌肉。

#3 天鹅拉伸式

　　这种毫不费力的柔韧拉伸会让颈部所有的肌肉得到及时的放松。如果你恰巧正在播放沐浴音乐，就可以跟着音乐一边唱，一边享受属于自己的、拉伸版的天鹅之歌!

→ 在浴缸里保持仰卧，双腿向两侧伸展，双臂沿身体两侧放松。

→ 闭上双眼，把注意力集中在颈部和喉部区域。

→ 保持双眼紧闭，颈部慢慢右转。如果做这个动作时面部埋进了水里，

一定要注意屏息，不要呛水。保持双眼紧闭，不要在水中待太久，感觉不舒适时应及时从水中出来。

→ 颈部回正，然后转向左侧。

作用及部位：

拉伸颈部和上背部肌肉，有助于改善情绪，有益于心理健康。

小提示：

你知道吗？头部很重。成年人的头部重约 5~6 千克，这大约相当于 40 根香蕉、35 个棒球或一只意大利灰狗的重量。所有的重量都集中在 7 块颈椎上，并由大约 20 块肌肉支撑。难怪颈部和肩部的肌肉会变得如此紧张！

拉伸它们有助于预防紧张性头痛，缓解颈部僵硬和昏昏欲睡的感觉，所以如果你在浴缸里（或浴缸外）不做任何其他伸展运动，就做这些吧！

→ 再一次闭上双眼，将身体伸展到舒适的程度即可，感受颈部的旋转和水的浮力为沉重的头部提供的支撑。

→ 放下烦恼，随着右转一回正一左转一回正的完整步骤，让温水"融化"所有烦恼。

→ 开始只做5次，熟练后可以做10次或20次。

#4 划船式

你的身体现在应该已经准备好完成一些更具有活力的拉伸练习了。想象你正坐在小船中划向远处的海岸，划到岸边就可以享受一顿丰盛的午餐和一瓶冰镇葡萄酒。完美!

→ 正坐在坐骨上，确保脊柱挺直。

→ 想象有一根绳子系在脊柱顶部，把脊柱轻轻地拉高，你会发现背部挺得更直了。确保支撑背部的肌肉也被提起来了。

→ 闭上双眼，想象自己正坐在一艘小船上。双手握紧放在身前，手掌朝下。肘部保持弯曲，然后收向身体两侧（就像握着船桨一样）。

→ 呼气，向前伸展身体，同时伸直双臂。

作用及部位：
　　拉伸下背部肌肉。

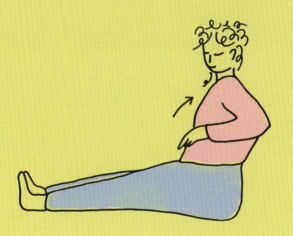

→ 在拉伸到极限时，吸气，然后尽力向后仰，将紧握的双手向肩部方向划动。

→ 在完成5轮（熟练后可以完成10轮或20轮）拉伸的同时，保持双腿在体前伸直。

→ 接下来向相反方向做动作。想象你为了躲避水母群而需要往回划，再完成5轮（熟练后可以完成10轮或20轮）拉伸。

→ 完成后，回到温水中，休息。

#5　摇篮拉伸式

这是笔者为需要轻轻抱着身体某一部位的拉伸动作起的名字。
就像抚摸一个小婴儿或一只小狗，你需要既耐心又温柔。

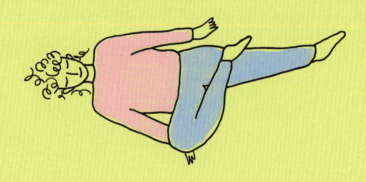

→ 找到一个舒适的姿势，然后将右腿弯曲，搭放在左腿上，让右脚踝在左侧大腿上休息。

→ 双手轻轻抓住右脚踝和右脚侧面。

→ 用左手活动右脚，以拉伸右侧小腿肌肉。

→ 右手支撑右脚踝，左手将右脚前端向下压。你可能需要尝试几次，以找到正确的力度，但动作始终要轻柔、谨慎。

作用及部位：

拉伸脚踝关节和小腿。

小提示：

不要忘记双脚对身体的贡献。它们为你的所有动作提供了稳定的基础，但我们却很少想过拉伸双脚。

有规律地拉伸脚和脚踝有助于你站得更稳，更好地保持运动状态！

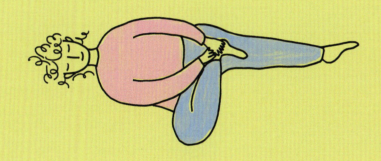

→ 右脚上下活动10次，然后换为左脚并重复前面的动作。

→ 感受这个拉伸是如何释放小腿紧张的，让它们得到伸展和放松的。记住，每一个动作都要轻柔。

#6 时髦鸽子式

安全小提示：在这个拉伸练习中应使用防滑浴垫，以防止身体滑动。

→ 为保证安全，双手应抓住浴缸两侧，身体采用跪坐的姿势，臀部放在脚跟上休息。

→ 面对浴缸的一端。呼吸的同时，将左腿向后伸展，并与身体呈一条直线。右膝应保持向前。

→ 双手打开，与肩同宽，双臂向前移动。双手在右膝前一点点的位置，放在浴缸底部休息。

→ 在做这个拉伸动作之前，先花点时间稳定下来。左膝向右滑动几厘米。这个拉伸动作的重心应在身体右侧。

作用及部位：

拉伸腘绳肌、股四头肌。

小提示：

在一些文化中，鸽子被视为会飞的老鼠；但在另一些文化中，鸽子是好运和繁荣的象征。就这个拉伸动作而言，模仿鸽子当然是一件好事。对于整天坐着办公的人来说，这个拉伸动作可排在必做榜的前 5 位。它甚至可能成为你最喜欢的拉伸动作之一，因为它会给肌肉群带来深层的拉伸。这些肌肉群可能已经紧张了一整天，迫切需要休息和放松一下。

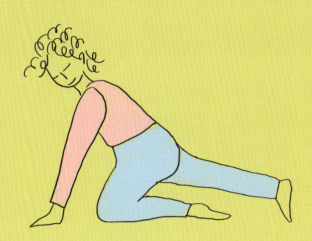

→ 腘绳肌和股四头肌会得到全方位的拉伸，而且温水也有助于身体更大幅度地拉伸。

→ 保持头部竖直，面向前方，放松。

→ 默数到5（熟练后可以默数到10或20）。

→ 回到跪坐姿势，保持左腿弯曲，右腿向后拉伸，重复前面的动作。

补充说明

内收肌使髋部收紧并使步态保持稳定。它起着良好的平衡作用，并有助于增强身体的力量，提高身体的速度和协调能力，使臀部更具有灵活性。

髋屈肌是靠近大腿顶部，帮助我们行走、踢腿、前屈和旋转臀部的肌肉。与内收肌一样，因久坐、身体姿态不端正或不想费力拉伸身体，髋屈肌可能会变得非常紧张。

髋关节内收肌和髋屈肌的紧张可能会导致看似无关的生物力学问题，并会影响你的生活质量。你的身体可能会出现以下症状：下背部疼痛、膝盖疼痛、足部疼痛等。

令人高兴的是，拉伸便有助于解决上述问题。

自在拉伸手册

#7　髋屈肌拉伸式

→ 身体半跪，右腿弯曲，右脚贴放在
　浴缸底部，左腿向前伸展。

→ 双手放在浴缸底部，帮助身体保持
　平衡并支撑住身体。

→ 身体前倾，进入伸展状态，感受腹
　股沟和髋部周围的拉伸。

→ 保持拉伸，默数到5（熟练后可以
　默数到10或20）。

→ 交换双腿，重复前面的动作。

#8　内收肌拉伸式

→ 如果你的浴缸是独立式的，那么你
　可以将双腿分开放在浴缸两侧。

→ 如果不是，你则需要侧身坐，将双
　腿放在浴缸的侧边上。

→ 放好双腿后，集中注意力，尽可能
　向外展开双腿。保持这种伸展，并
　好好享受这种感觉。

→ 将双腿展开到感觉舒适的程度，保
　持这个伸展动作，默数到5（熟练
　后可以默数到10、20或更多），然
　后将双腿放回浴缸。

→ 回到温热的水中，给自己点个赞，因
　为你完整地做完了本章全部的拉伸
　动作。

第三章
沙发上的拉伸

　　根据研究，英国人一年有40多天的时间坐在沙发上。但这项研究是由一家家具公司进行的，他们可能对这一数据并不感到意外。美国人似乎也差不多。据估计，美国人一年有30多天的时间窝在沙发上。

　　当我们坐在沙发上时，我们通常在做什么？可能不是拉伸，而是在看电视或玩手机。

　　但是，如果有一个理想之处让我们在看电视、玩手机的同时，也可以处理多项任务或做运动的话，那么沙发便是一个好选择。它舒适且柔软，对于一些人来说，它已经成为我们的"好朋友"。

　　让我们向你的"好朋友"介绍一下拉伸带来的意想不到的乐趣吧！

#1   大熊拥抱式

这是一个有趣的动作，但继续做下去，当你发现这个看似简单的肩部拉伸的效果时，你可能就不会只觉得有趣了。这个拉伸动作的益处不仅在于运动本身，还在于体会长时间的深度拉伸的感觉。

→ 找到坐骨，舒适地坐在沙发边缘。

→ 想象有一个钩子钩住了放在颅骨中间的圆环，就像在游乐场玩的钓鸭子游戏一样。想象这个钩子提拉着上半身，使上半身挺直。脊柱不能放松，否则将影响拉伸效果！

→ 想象你正在火车站的站台上等待着心爱之人的到来。你会给他什么样的拥抱？一个大大的熊抱。这个拉伸动作看起来就像是某人即将得到你的一个大大的拥抱。

作用及部位：

　　拉伸肩部和上背部肌肉。

小提示：

　　第一次做这个拉伸动作时，如果坚持一分钟左右，你可能会发现手臂在颤抖。这只是告诉你，你的肌肉不习惯以这种方式"工作"，它已经疲劳了。

　　把这当作一个好兆头吧！这意味着拉伸正在发挥作用：让未受过锻炼的肌肉进行了早就应该进行的锻炼和拉伸。但要注意不要做得过多而造成身体损伤。当手臂开始颤抖时，专注于呼吸，如果可以再坚持一下，就数到 5，然后把手臂放下来。

→ 挺直脊柱，吸气。以颈部和头部为中心点，向两侧举起双臂，形成一个大大的V字形。

→ 呼气，将注意力放到高举的手臂上，尽力向上伸展手臂。

→ 闭上双眼，慢慢默数到5（熟练后可以默数到10或20）。

→ 放下手臂，休息。

#2　颈部摇滚式

还记得沐浴时练习的天鹅拉伸式 (第24页) 吗? 下面这个巧妙的颈部拉伸应向前方、两侧和后方伸展颈部,有助于释放颈部的紧张。

→ 身体笔直地坐在沙发边缘,脊柱尽量挺直。

→ 将下颌落到颈部底部的凹陷处,停留几秒钟,然后慢慢开始向右肩移动颈部,在移动中始终保持下颌与身体的接触。

→ 保持缓慢而稳定的呼吸,想象你正在试着不要惊吓到一只胆小的鹿——保持颈部缓慢而有目的地移动。

→ 颈部应感觉到肩部和上背部肌肉的支撑。

→ 当下颌触碰到右肩时,你会感觉到颈部左侧的深度拉伸。

作用及部位：
　　拉伸颈部和支撑头部的肌肉。

→ 头部后仰幅度和颈部伸展幅度都不要太大。头部和颈部要轻轻地从背部向左肩移动，并应始终感觉被支撑着。

→ 在左肩处，重新让下颌接触身体。当下颌回到身体中心线上时，你便完成了一次完整的颈部摇滚式。

→ 刚开始练习时，慢慢来，只做一个回合。右转一次，再左转一次，便停下来。每个方向最多做5次（熟练后可以做10次或20次）。

#3 屈膝拥抱式

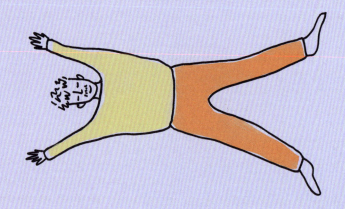

→ 躺在沙发上，让呼吸进入一个漫长、缓慢、深沉的节奏。注意不要睡着，但即使睡着也别太担心，俗话说睡眠是极好的治疗！

→ 如果你还清醒着，那么只需屈双膝，并将它们拉向胸腔方向，下背部就可以享受一次舒适的拉伸。如果这样挡住了你看电视的视线，就把沙发移开！

作用及部位：

拉伸下背部肌肉。

小提示：

这个拉伸动作也会起到"按摩"消化道的作用，因此适合在饱餐之后做。

如果下背部因久坐而疼痛，你也可以在地板上做这个动作。

屈膝仰卧，双手放在膝盖上，抱住膝盖绕圈，先沿顺时针方向做，再沿逆时针方向做。这个动作同时也给下背部做了一次按摩。

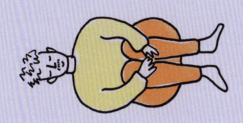

→ 如果你是名拉伸新手，则有可能会觉得这个将身体"折叠"起来的动作很不舒服。但不要惊慌，身体和呼吸很快就会稳定下来，这样就可以保持住这个动作了。

→ 保持住，默数到5（熟练后可以默数到10或20）。

→ 完成后，让双腿在沙发上伸展开，休息。

#4 抬起脚趾式

这个体式如此简单，很可能会成为你最爱的拉伸动作之一。它的第一个动作非常简单……躺下。你会成功完成这个拉伸的。

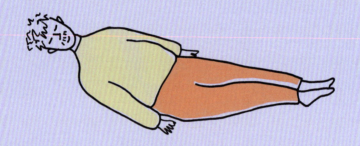

→ 在沙发上躺平，伸直双腿和双脚。

→ 打开电视，找到你喜欢的电视节目。

→ 现在，双脚同时朝着身体的方向向上、向后倾斜。坚持住。感觉到了吗？

作用及部位：

拉伸小腿和踝关节。

小提示：

你现在可以不再将你的小腿后侧称为"小腿"（calves），而是将它们称为"腓肠肌"（gastrocnemius）。每个人都会被你惊讶到，你可能会立即被邀请加入各种智力竞赛团队，仅仅是可能啦，开个小玩笑。

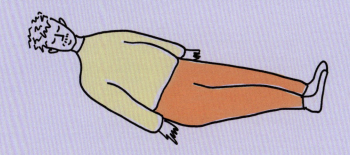

→ 双腿的腓肠肌都会受到深层的拉伸，就这么简单。

→ 正常呼吸，就像平常一样躺在沙发上，双脚同时向后倾斜5次（熟练后可以倾斜10次或20次）。

→ 完成后，休息。

#5 芭蕾舞演员式

这个拉伸听起来可能不是最令人兴奋的，但它对加强下背部肌肉力量以及释放腹股沟和腘绳肌的紧张都极为有效。虽然这些动作看起来简单，但是不要掉以轻心。当你完成10次，甚至20次时，你会开始真正感受到简单的腿部拉伸的力量。

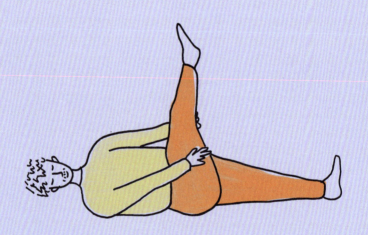

→ 首先，平躺在沙发上，拉伸双腿。

→ 双手放在右腿膝盖下方后侧肌肉的位置上，握住右腿，然后用手臂将右腿拉起来，使其与地面呈90度。

→吸气，抬起腿，像芭蕾舞演员一样绷紧脚背。

→ 呼气，在握住右腿的同时，默数到5（熟练后可以默数到10或20）。

→ 仍将右手放在右腿后侧，但将左手放到右腿腘绳肌的中间，轻轻地将腿拉向胸部方向。这个动作加强了拉伸的强度。

作用及部位：

　　拉伸腘绳肌和核心/腹部肌群。

小提示：

　　一旦你掌握了这个拉伸动作，就可以逐渐提高拉伸强度。用一条毛巾（或一条弹力运动带）帮助双脚活动，同时也可以拉伸小腿肌肉。

　　用毛巾或弹力运动带裹住脚掌，轻轻地将其两边拉向上半身，使脚面与腿部呈90度。但要注意避免弹力运动带弹回到你的脸上。

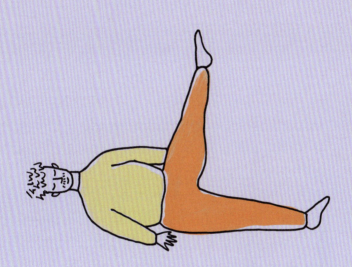

→ 保持这个姿势，默数到5（熟练后可以默数到10或20）。

→ 放下右腿，抬起左腿，拉伸左侧的腘绳肌。

→ 左腿重复同样的伸展动作。完成后，双腿伸展在沙发上休息，同时你可以享受一杯美味的咖啡。

#6　剪刀踢式

剪刀踢能够锻炼核心肌群、臀肌、股四头肌、髋屈肌和内收肌，所以如果你只有时间做一个沙发拉伸练习，就做这一个。

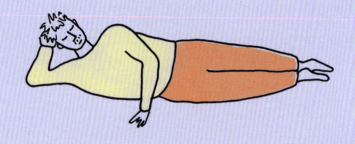

→ 面朝左侧侧卧在沙发上，拉伸全身。

→ 抬起头部，放在左手上，并用左肘支撑身体。

→ 身体尽量保持纵向拉伸。在保证身体平衡的情况下，尽可能地抬高右腿。

→ 右腿做5次剪刀踢，然后换左腿做5次。

作用及部位：

紧实核心肌群、臀肌、股四头肌、髋屈肌和内收肌。

→ 换边后，你很大可能会面对沙发靠背（背对电视），所以如果你自动地加快速度完成了5次剪刀踢（熟练后可以做10次或20次），也不要感到惊讶。

→ 当你感觉自己无法再继续或再多做一次剪刀踢时，深呼吸，再坚持一下。

→ 双腿都做完这个拉伸动作后，就可以回到仰卧的姿势了。

#7 侧卧屈膝式

过度劳累或缺乏锻炼都会使股四头肌过于紧张。而股四头肌缺乏锻炼的主要原因之一便是久坐。不管怎样，让我们来解决这个问题。

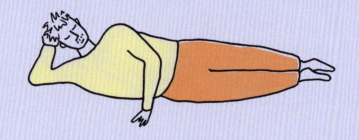

→ 面朝左侧侧卧在沙发上，拉伸全身。

→ 抬起头部，放在左手上，并用左肘支撑身体。

→ 身体尽量保持纵向拉伸，准备好后，抓住右脚踝，向身体后侧屈右膝，让脚面尽量靠近髋部。

作用及部位：

    拉伸双腿的股四头肌。

小提示：

    请不要跳过这个拉伸动作。股四头肌过度劳累或缺乏锻炼造成的肌肉紧张可能会导致严重的腰部疼痛。这是因为它们拖着整个骨盆向下，并打乱了身体的协调性。股四头肌紧张还会导致膝盖疼痛。

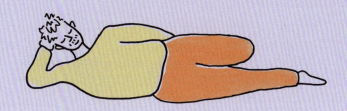

→ 如果股四头肌过于紧张，大概只能保持5个数的时间（熟练后可以保持10或20个数的时间）。

→ 保持正常呼吸，同时进行拉伸，并保持住。做好准备后，换左腿做同样的动作。

第四章
厨房里的拉伸

　　不论是一家人住在一起还是一个人独居，厨房是多数家庭的核心之地。你经常需要在厨房中等待水烧开或微波炉加热结束，因此厨房也是一个同时处理多项任务和做些简单拉伸的好地方。

　　成年人平均每天花60分钟在厨房里准备一日三餐。研究人员发现，这只是上一辈人通常在厨房辛苦劳作时间的一半。这些时间足够完成一些高质量的拉伸了。

#1 抓头式

等待水烧开，奶油冻冷却或微波炉加热食物的间隙，便是做这个拉伸练习的好机会。

自
在
拉
伸
手
册

动作1

→ 笔直地坐在椅子上，注意应坐在坐骨上，双脚着地，脊柱挺直。

→ 将双手放在双腿上，闭上双眼，慢慢地深吸一口气。呼气时，慢慢地将头部向左肩方向倾斜。

→ 再次慢慢吸气，让颈部更靠近肩部。你应与身体一起完成这个动作，而不要对抗它。

→ 保持这个姿势，默数到5，然后在另一侧重复这个动作。

作用及部位：

拉伸支撑颈部和头部的肌肉。

小提示：

把所有这些拉伸动作看作对肌肉的"邀请"，而不是"命令"。记住，永远不要以紧张的状态进入拉伸练习。

强迫身体做动作会导致受伤，如果弄伤了自己，你就很可能不再想拉伸身体了。

让身体做它自然会做的事情，这意味着你不会伤害自己，而且很快就会开始享受拉伸身体的感觉。

动作2

→ 重复之前的拉伸动作，但这一次用手来加强拉伸的力度。

→ 在向左侧倾斜头部之前，将左手放在头顶。

→ 左手轻轻地向肩部方向拉动头部。

→ 注意体会手部即使最轻微地施压，也会增加拉伸的强度。

→ 在另一侧重复这个动作。

#2　伸臂奖励式

笔者不想自夸，但这个拉伸动作会令你印象深刻。

→ 准备是关键。首先，选择一个非常
诱人的零食奖品。

→ 其次，选择一个干净的台面，在上
面放置你选择的奖品。

→ 最后，放置一个凳子，当你向一侧

伸出手臂时，奖品应刚好位于拉伸
的极限之外。

→ 做完所有的准备后，坐在凳子上，
身体右侧靠近台面。向奖品的方向
伸出右臂，保持伸展，直到能拿到

作用及部位：
　　拉伸肩部、上背部和身体两侧的肌肉。

这个奖品。在身体倾斜之前，尽可能地拉伸身体，这会拉伸背部中部和下部的肌肉。身体倾斜时，则会拉伸左侧的肌肉。

→ 一旦拿到了奖品，请自律一些，把

它放回原处，刚好放在拉伸的极限之外。

→ 身体左侧靠近台面，重复前面的动作。这一次完成后就可以享受美味的奖品啦，这是你应得的。

#3   扭转与烘焙式

不要惊慌——你并不需要真去做烘焙。当然，你也可以真正做一次，因为通过拉伸可以拿到需要的配料。下面使用的道具是冰箱，但使用橱柜或食品储藏室的架子也可以。

→ 走到冰箱前，考虑从冰箱里拿一些东西，如牛奶或酸奶。

→ 再强调一次，准备是关键，要确保冰箱里真的有你需要的东西，你知道它在哪，而且真的能够拿到它！

→ 打开冰箱门，但不要面对着冰箱，而要侧身站立。所以，如果想要拿到冰箱里面的东西，那么你将不得不扭转身体。

→ 先向右转，要扭转整个上半身，头部、颈部也要随着身体一起扭转。

→ 拿到东西后，向左侧扭转回正，这样便完成了一次扭转。

→ 每次去冰箱或橱柜时都要试着扭转身体。这可能需要付出努力，但脊柱会受益的！

→ 如果冰箱位于台面下方，则可以坐在冰箱前的地面上，同样做扭转。

作用及部位:

拉伸脊柱和下背部肌肉。

#4　休闲拉伸式

你看起来好像只是在闲坐着，可能正在玩手机或看微博——但就像水面上漂浮的优雅天鹅，它们的脚蹼在水面之下是不停划动着的——你的下半身正努力地完成着拉伸动作。

→ 端坐在桌子旁，背部和颈部挺直。

→ 坐在椅子边缘，双腿在桌子下面伸直，脚跟压向地板，脚尖向上。

→ 你可能需要努力保持平衡。

→ 双臂垂放在身体两侧，准备好后，以脚踝为中心，抬起脚尖。

→ 感受小腿部位有力的拉伸。

→ 保持住，慢慢默数到5（熟练后可

作用及部位:

拉伸小腿。

以默数到10或20），然后放松。

→ 重复4次，熟练后可以多做几次。

→ 这是一个很好的拉伸动作，几乎可以在任何地方做！身体腰部以上位置几乎看不出正在做拉伸，但双腿得到了锻炼。

#5 屈膝平衡式

无论你是星级大厨还是外卖爱好者,总会有待在厨房中的时候。这是一个拉伸股四头肌的好机会。股四头肌是位于大腿前侧的强大肌肉。

这个拉伸动作几乎可以在任何地方做,而且并不费力。记住,如果股四头肌过度劳累或缺乏锻炼,可能会导致膝盖和背部疼痛等问题,所以拉伸时要注意保持正确的平衡。

→ 站立,双脚坚实地踩在地面上,并打开与臀部同宽。稳定感很重要,因为这个动作本质上是平衡的拉伸。

→ 准备好后,抬起右腿,抓住右脚踝,向后屈右膝。

→ 保持平衡,抓住右脚踝,慢慢拉起右脚靠近臀部右侧。

→ 保持这个动作,慢慢默数到5(熟练后可以默数到10或20)。

→ 放松,左腿重复同样的动作。向后屈左膝,并将左脚向上拉向臀部左侧。

→ 完成后就可以休息了!

作用及部位：
拉伸股四头肌。

小提示：
良好的平衡能力有助于维持良好的体态和协调性，也有助于延长预期寿命——不仅仅是因为它降低了跌倒的风险。

在一项对 50 岁以上人士进行的研究中，那些能够长时间保持平衡的人的生存时间更长。

一旦你掌握了单腿站立，就闭上双眼，试着用足尖站立，这样身体在保持直立时需要付出更多的努力。

#6　侧腿摆动式

这个动作有着双重效果，一次拉伸可以锻炼四个目标肌肉群。这意味着，你会更快地完成这一章的拉伸！

自
在
拉
伸
手
册

→ 在餐椅旁站立，双脚分开与臀部同宽。

→ 左手轻轻地扶住餐椅靠背（帮助身体保持平衡）。

→ 左腿伸直，保持不动，右腿慢慢地前后摆动。

→ 腿部的摆动幅度尽量大一些。

作用及部位：

拉伸髋屈肌、腘绳肌、股四
头肌和腓肠肌。

→ 右腿完成10次摆动后，换左腿做同
   样的动作。

→ 随着身体灵活度的提高和信心的增
   强，你很快就可以增加腿部摆动的
   次数了。

→ 在厨房中的拉伸运动全部完成了！
   坐下好好休息一会儿吧。

第五章
办公桌旁的拉伸

啊，工作！撇开漫长的工作时间、令人疲惫的通勤、严厉的老板不谈，工作是造成我们很少运动和在清醒的时间中总是坐着的主要原因。好吧……工作和电视剧是主要原因！

对于不太喜欢运动的人来说，好消息是，在办公桌前进行拉伸是很容易实现的。

如果你居家工作，那么你总是可以离开工作空间，躺在地板上舒展一下脊柱。但如果你在公共空间工作，那么这样的休息可能会让你觉得不自在，所以所有的办公桌旁的拉伸动作都经过了精心设计，让你可以在不被注意到的前提下完成。

#1　长颈鹿式

你在前面的章节中已经知道头部的重量（参见第25页）。你应该明白：如果只能做一个办公桌旁的拉伸，那么你需要找到内心的那只"长颈鹿"，并让"它"完成这个拉伸动作。抱歉，笔者又回到内心动物的话题上了。

动作1 拉伸颈部前侧

→ 在椅子上坐直，双脚坚实地踩在地面上。双手放在双腿上，确保坐在你的坐骨上。

→ 闭上双眼，想象自己是一只长颈鹿，颈部很长，可以够到树梢。进入角色的快速方法是肩部向下，同时想象有一根线向上提拉头部。

→ 你应感觉到上背部的肌肉向下拉伸，以保持肩部下向，而这反过来又可以让颈部拉长。

→ 拉伸颈部，然后让它回到原位。

→ 保持拉伸，慢慢默数到5（熟练后可以默数到10或20），放松。

作用及部位：
　　拉伸颈部周围的肌肉。

小提示：
　　你可能见过模特们用头顶着一摞精装书练习走路姿态的图片。你知道吗，这个方法可不像看起来那么奇怪！
　　如果你居家工作，在网络会议间隙拉伸颈部的一种好方法便是放一本或两本精装书在头顶上，并努力保持平衡。（如果你在办公室工作，这个方法仍然好用，但人们可能会认为你很奇怪。）

动作2 拉伸颈部后侧

→ 向身体方向收下颌，使颈部后侧得到拉伸。要尽可能保持颈部的坚实和挺直。

→ 精准地完成这个动作后，保持住，慢慢默数到5（熟练后可以默数到10或20），放松。

#2　耸肩式

　　　为了帮助你进入角色,想象有人向你提出关于宇宙或生命意义的问题,在你的脑海中,你会看到自己只是耸耸肩,而并不去回答。现在真的来做这个动作吧。

→ 在椅子上坐直,挺直脊柱,双脚踩在地面上。

→ 将双手放在大腿上,掌心向下,闭上双眼。

→ 尽力向双耳方向提起双肩。

→ 一旦双肩都达到了拉伸的最大限度,则落下双肩。

作用及部位：
　　拉伸肩部及周围的肌肉。

→ 加大肩部下落的幅度，然后再次抬起双肩。

→ 在这个练习中配合呼吸会有很好的效果，所以当提起双肩时，吸气；当落下双肩时，呼气。重复10次（熟练后可以重复20次或50次）。

#3 简易椅子上前屈式

这种拉伸的好处是，如果被人看到，你可以假装正在捡一支掉在地上的铅笔。

重要提醒：如果你不想脑震荡，那么需要把椅子移到办公桌侧面，留出足够的前屈空间。

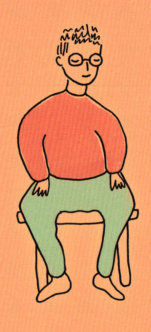

→ 准备拉伸时，移动身体，坐在椅子的边缘，膝盖弯曲，双腿分开，双脚平放在地面上。

→ 保持膝盖弯曲，吸气；呼气时，上半身前屈，直到触碰到大腿。如果可以的话，将手掌放在两腿之间的地面上。

作用及部位：

拉伸整个背部和大腿内侧的肌肉。

小提示：

身体前屈会挤压消化道的所有器官，因此通常应在早上，而不要在饱餐之后进行这一练习。

→ 保持前屈，慢慢默数到5（熟练后可以默数到10或20）。

→ 完成后，吸气，慢慢挺直身体。重复这个前屈动作5次（熟练后可以重复10次或20次）。

→ 休息一会儿……或工作一会儿！

#4   鼻子到膝盖的伸展式

在完成这个拉伸动作时，你可以穿着系带的鞋。如果有人经过看到，会认为你正在系鞋带。

→ 旋转椅子，让椅座朝向身体，然后站在椅座前，双腿分开与肩同宽。

→ 膝盖保持柔软，并微微弯曲。提起上半身，倾斜身体使骨盆稍稍前倾。

→ 保持肩部向下，抬起右腿放在椅座上。

→ 将双手放在右腿大腿处，略高于髌骨位置，左腿保持伸直。

作用及部位：

　　拉伸整个腿部后侧，同时拉伸
腘绳肌和腓肠肌。

→ 慢慢吸气，身体向右腿大腿方向
　前屈。

→ 身体前屈时，应感觉到腿部后侧肌
　肉的拉伸。

→ 保持前屈的姿势，慢慢默数到5
　（熟练后可以默数到10或20）。慢

慢地深吸一口气，身体随着每次呼
气放松，逐步加大前屈的幅度。

→ 完成后，提起上半身，放下右腿，
　然后用左腿重复同样的动作。

#5 检查袜子式

在这个拉伸动作中，你应始终保持正常的呼吸，这样有助于臀部的打开。

→ 笔直地坐在工作椅上，双腿分开，双脚放在地面上。

→ 抬起右腿，将右脚踝放在左膝上。

→双手环抱右脚踝和右脚，感受右侧臀部的拉伸。

→ 保持拉伸2分钟（身体允许的情况下也可以保持更久）。如果觉得无聊，可以同时检查一下自己的袜子。你还穿着两只袜子吗？它们是同一双吗？它们干净吗？它们是你的吗？你会惊讶于时间的流逝……

作用及部位：
　　放松紧绷的臀部。

小提示：
　　臀部过于紧张所引发的问题：
● 在瑜伽课上，你永远无法完成莲花式。
● 腿部抽筋、肌肉酸痛，特别是大腿部分。
● 不明原因的膝部疼痛。
● 脊柱弯曲的早期迹象。
● 下腰疼痛和颈部疼痛。

→ 准备好后，还可以通过弯曲右臂来加深这个拉伸动作，将右肘放在右膝上。肘部轻轻施加压力，将膝盖向下推。感受到逐渐增大的压力了吗？现在应该能感受到压力逐渐延伸到臀部。

→ 随着信心的增强，在肘部向下压右膝的同时，上半身前屈以进一步加强拉伸。

→ 保持几分钟，完成右侧臀部拉伸后，换到左侧重复同样的拉伸动作，拉伸左侧臀部。

#6 站立思考拉伸式

你正在认真思考，解决一场商业危机，或计划着公司的下一步商业行动。至少，当你站在那里时，看起来睿智而强大，每个人都会这么认为。

自
在
拉
伸
手
册

→ 站在椅子后面，确保站立的位置可以抓住椅背顶部。椅子就是你的辅具。

→ 双脚应平立在地面上，分开与肩同宽。

→ 膝盖微微弯曲，双手抓住椅背。上半身慢慢前屈，直到背部与地面平行。手臂与腿部应呈90度。

→ 身体向地面方向下压，同时双手仍然抓住椅背。感受这个动作带来的双腿肌肉的拉伸。

作用及部位：
　拉伸股四头肌。

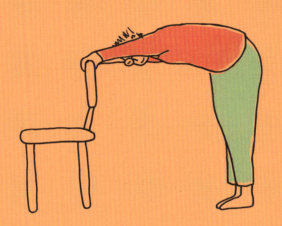

→ 当身体下压到极限时，休息，慢慢地深呼吸。

→ 保持这个姿势，慢慢默数到5（熟练后可以默数到10或20），然后恢复直立。

→ 如果椅子带有轮子，那么可以把它放进桌子下面，这样当你靠在椅子上时，它就不会滑动。

→ 办公桌旁的拉伸全部完成啦！你的同事可能会对你身体的灵活性而感到惊讶。

第六章
旅途中的拉伸

　　无论你是乘坐小汽车、公交车、火车还是飞机，这些简单的拉伸运动都能在旅途中发挥作用。

　　在旅途中，空间通常很有限——当车停在红绿灯前时，如果你突然拿出哑铃开始大肆锻炼，很可能会吓到司机或其他乘客——因此，为了保护你自己的安全，需要谨慎地选择拉伸方式。

#1 手遮双眼式

如果你没有驾驶车辆，也没有驾驶其他交通工具，那么在任何长途旅行中都可以尝试这个方法。（如果你负责驾驶车辆，那么很显然要等到车停在了安全的地方后才可以练习。）

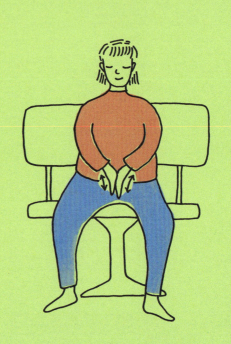

→ 双手手掌反复摩擦，直到感觉到手掌发热。你可能需要用力摩擦！

→ 闭上双眼，将右掌轻轻地放在右眼上，左掌放在左眼上。

→ 你会感觉到热量被传递到眼部肌肉上，帮助眼部肌肉放松。

作用及部位:

缓解眼部疲劳和紧张性头痛。

小提示:

一定要把手掌放在眼睛上,而不是手指。

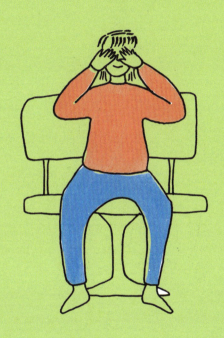

→ 当感觉到所有的热量都已耗尽时,闭上双眼,放下双手,再次摩擦双手手掌,产生更多的热量。

→ 重复做5次。如果被困在交通严重堵塞的马路上或在飞行跑道上等待飞机起飞时,可以增加重复的次数。

#2 绕圈拉伸式

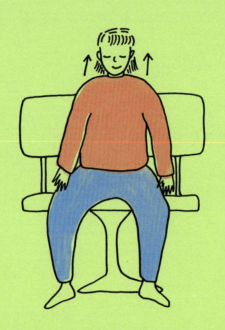

→ 当你乘坐小汽车、飞机、火车、公共汽车、电车、轮渡等交通工具时，试着尽量坐直。

→ 双臂靠近身体放松下垂。

→ 吸气，抬起双肩靠近双耳——努力使用上背部肌肉，将双肩尽量抬高。

作用及部位：
  拉伸颈部和肩部。

→ 保持双肩抬高，并慢慢地向后转
  动，将肩胛骨紧紧地挤压在一起。

→ 呼气，放松双肩回到正常的位置。

→ 双肩向后转动5次，然后向前转动
  5次。

#3 轻快步式

如果你骑在马背上，马就会"帮助"你完成轻快步式的一部分动作，但你的下背部仍然会得到锻炼！

→ 在座位上坐直，双手放在大腿上方，掌心向下。

→ 吸气，胸腔向外，向上，将脊柱向前推。背部中部和下部位置会感受到拉伸。

→ 这是一个动态的拉伸过程，两个动作之间不要停顿。

作用及部位：

拉伸下背部，有助于提高整
个脊柱的灵活性。

→ 呼气时，将躯干和胸腔上部拉回到
　起始位置，并应始终保持这个运
　动。如果你对骑马略有了解，便会
　感觉到这个拉伸动作很像骑马技术
　中的轻快步。

→ 闭上双眼，将注意力放在脊柱上。

→ 做1分钟或5分钟都可以，这完全取
　决于你。

#4　脚趾找脚踝式

　　如果你已经完成了第五章（办公桌旁的拉伸）中的拉伸动作，那么你应该知道简单的足部拉伸的力量。在空间允许的情况下，可以做这个拉伸动作。

自
在
拉
伸
手
册

→ 如果可以的话，将双腿向前拉伸，与地面平行。你很快就会感觉到腓肠肌和腘绳肌的拉伸。

→ 双脚向身体方向用力。

→ 注意应以脚踝为中心点。这个拉伸动作对那些经常被忽视但很重要的关节很有益处。

作用及部位:

　　放松疲惫的小腿。

→ 如果空间比较狭小或不想被其他旅行者发现，可以将脚跟落在地面上做这个拉伸动作。腓肠肌仍然可以得到很好的拉伸，但腘绳肌得到的拉伸弱一些。

#5 悬放腿拉伸式

行色匆匆的旅客们通常不会关注其他正跷着二郎腿的旅客。如果他们仔细观察的话，可能会将你误认为一名"神秘武士"，因为你的腿是悬放在另一条腿上的。

→ 坐在座位上，脊柱挺直，双臂靠近身体放松下垂。

→ 抬起右腿，并放到左腿上方，就像

要把右腿放在左腿上休息一样。但是，保持右腿抬高，让它悬放在左腿上方。

作用及部位：
　　拉伸腘绳肌。

小提示：
　　如果不想腿部长难看的"蜘蛛纹"（毛细血管扩张），那么试着打破长时间跷二郎腿的习惯。长时间跷二郎腿会给静脉带来压力，而且会阻碍血液流动，使血管弹性减弱，血液淤积，最终导致静脉肿胀。

→ 右腿后侧的腘绳肌很快会感觉到强烈的拉伸。

→ 坚持慢慢默数到5（熟练后可以默数到10或20）。

→ 左腿重复这个动作，抬高并悬放在右腿上。

#6   关爱膝盖式

你需要足够的空间，才能将膝盖抬高并环抱住它。因此，你需要在条件允许的情况下做这个拉伸，并且注意不要影响到其他人。

记住对称的黄金法则：如果拉伸身体的一侧，就需要以同样的方式拉伸身体的另一侧。

自
在
拉
伸
手
册

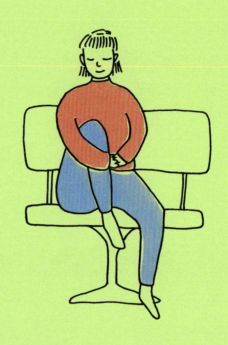

→ 抬高右膝，并用双手于胸前环抱住右膝。

→ 保持这个动作，慢慢默数到5（熟练后可以默数到10或20）。

作用及部位：
　拉伸臀部。

→ 左腿重复同样的动作。

#7　边缘拉伸式

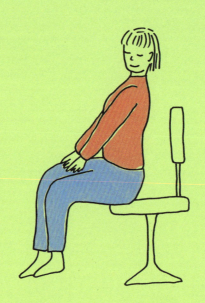

→ 坐在座位边缘，抬起脚跟，脚尖落地。

→ 弯曲膝盖的同时，在空间和平衡能力允许的范围内，将双脚向身后方向收。

→ 双膝逐渐下落，感受腿部前侧股四头肌的拉伸。

→ 膝盖继续下落，但不要落到地面上。试着在从座位边缘滑落和使用腿部和腹部的肌肉来保持平衡之间找到一个最佳位置。

作用及部位：
　拉伸股四头肌。

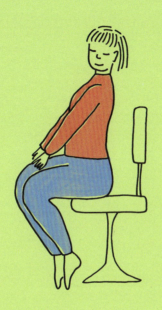

———————————————

→ 一旦你找到这个最佳位置，慢慢
　默数到5（熟练后可以默数到10或
　20），然后回到座位上坐好。

→ 脊柱下部在这个拉伸动作中也很辛
　苦，所以当拉伸结束后，重复做
　本章的第3个拉伸动作（参见第86

页），释放下背部的紧张。

→ 旅途中的拉伸到这里也结束了，
　这意味着本书的全部内容也即将
　结束。相信我，我和你一样感到
　难过……

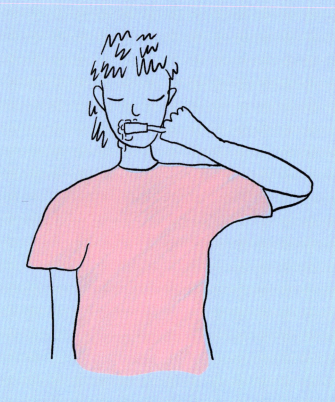

第七章
处理杂务时的拉伸

将运动和有规律的拉伸融入日常生活最好的方法之一就是与其他事情同时做。有些人称之为"多任务处理",并误以为这是他们与生俱来的特殊才能。

其实不然。只要多加练习,任何人都能做到。

#1 刷牙

作用于背部、颈部和肩部。

自
在
拉
伸
手
册

①	②	③
扭转与烘焙式	**抓头式**	**绕圈拉伸式**
参见第四章厨房里的拉伸，动作3。（第58页）	参见第四章厨房里的拉伸，动作1。（第54页）	参见第六章旅途中的拉伸，动作2。（第84页）

变化：在镜子前侧身站立，需要吐掉漱口水时扭转回正。

#2　熨烫

作用于颈部、肩部、核心肌群和股四头肌。

①	②	③
海星式	**伸臂奖励式**	**站立思考拉伸式**
参见第一章睡床上的拉伸，动作2。（第4页）	参见第四章厨房里的拉伸，动作2。（第56页）	参见第五章办公桌旁的拉伸，动作6。（第78页）

变化： 如把想喝的茶或咖啡放在附近耐热的台面上，当你每次想喝茶或咖啡的时候，你必须做拉伸动作才能拿到杯子。

注意事项： 眼睛始终要盯着熨斗，以免烫伤。

#3 等待热水烧开

作用于背部、臀部和腿部。

自
在
拉
伸
手
册

①	②	③
侧腿摆动式	**关爱膝盖式**	**简易椅子上前屈式**
参见第四章厨房里的拉伸，动作6。（第64页）	参见第六章旅途中的拉伸，动作6。（第92页）	参见第五章办公桌旁的拉伸，动作3。（第72页）
你需要站在厨房台面的侧面。	当你进入节奏时，试着加快速度做这些动作。	

#4 将超市买来的杂物收好

作用于背部、大腿内侧和颈部。

①

简易椅子上前屈式

　　参见第五章办公桌旁的拉伸，动作3。（第72页）

②

长颈鹿式

　　参见第五章办公桌旁的拉伸，动作1。（第68页）

③

扭转与烘焙式

　　参见第四章厨房里的拉伸，动作3。（第58页）

变化： 这里可以做站立前屈。

变化： 在这个场景中，你是站着而不是坐着的。抬高手臂向橱柜里放东西的动作，可以拉伸颈部和上背部的肌肉。尽量去够最高的橱柜。

很适合在向冰箱或较高的货架存放物品时练习，你需要扭转身体，抬高手臂。

#5   晾晒衣物

作用于腿部、背部和股四头肌。

①	②	③
简易椅子上前屈式	**侧腿摆动式**	**屈膝平衡式**
参见第五章办公桌旁的拉伸，动作3。（第72页）	参见第四章厨房里的拉伸，动作6。（第64页）	参见第四章厨房里的拉伸，动作5。（第62页）
变化：这里可以做站立前屈。	如果你担心被邻居看到会不好意思，可以戴上墨镜和帽子。	晾晒衣物时，单腿站立，用一只手扶住另一条弯曲的腿——就像一只漂亮的火烈鸟。

#6 扔垃圾

作用于上背部。

①

小鸡展翅式

参见第二章浴缸中的拉伸，动作1。（第20页）

扔掉垃圾，然后昂首阔步地回到门前，像只快乐的
小鸡一样转动你的肩部。

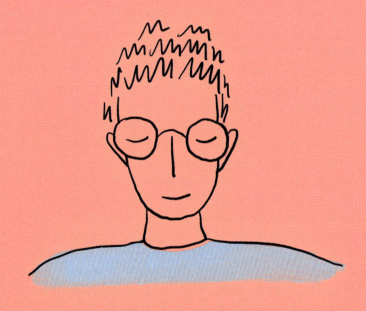

第八章
拉长呼吸，锻炼思维

认识呼吸

设置一个一分钟的计时器。

安静地坐着，远离任何干扰。

闭上双眼，数一数你一分钟内吸气和呼气的次数。

你进行了多少次自然呼吸模式的呼吸？

15~20次？

10~15次？

6~8次？

成年人在休息时的正常呼吸频率为16~20次/分。降低呼吸频率有许多益处：

除了能够降低心率和血压，更长、更慢、更深的呼吸也有助于缓解焦虑情绪，减轻心理压力，集中注意力，且有益于运动后的恢复，能够改善断断续续的睡眠模式。

如果你刚开始关注呼吸，本章的练习将帮助你自然地呼吸起来。一旦我们开始关注呼吸，呼吸就会自动减慢并加深。所以，本章的练习不仅非常简单，也非常值得去做。

#1   追踪手指式呼吸

自
在
拉
伸
手
册

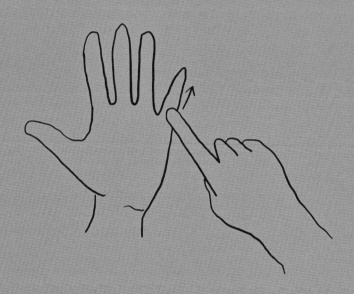

→ 将一只手的食指放在另一只手（手
  心朝上）的小指外侧。当你吸气
  时，食指沿着小指向上滑到小指外
  侧指尖处；当你呼气时，食指向下
  滑到小指内侧指根处。

→ 第二次吸气和呼气时，对无名指做
  同样的动作。

→ 第三次吸气和呼气时，对中指做同
  样的动作。保持呼吸节奏，直到完
  成五个手指。

完成本练习后，再设置一个一分钟的
计时器，看看你在一分钟内呼吸了多少次，
有变化吗？

→现在，将整个动作反过来做，从拇
　指一点点滑到小指，保持呼吸稳
　定，滑动的动作平缓、流畅。

#2 控制呼吸

　　一旦你与呼吸建立了联系，就可以学着控制它，并做好拉长呼吸的准备。再一次，找一个安静的地方坐好，确保你不会被打扰。闭上双眼，按照下面的步骤来"控制"你的呼吸，同时学习如何"暂停"它。

→ 闭上双眼，吸气的同时缓慢地默数到4。

→ 保持双眼紧闭，屏住呼吸，同时缓慢地默数到4。

小提示：

完成本练习后，再设置一个一分钟的计时器，看看你在一分钟内呼吸了多少次。

关注呼吸

当你的呼吸变慢时，你感觉如何？

你的吸气和呼气是否均衡，还是呼气比吸气更容易？

如果你努力地想与呼吸产生更紧密的关联，请把手放在肚子上。当你吸气时，注意你的肚子是如何触碰到手的；而当你呼气时，你的肚子又是如何收缩的。

→ 呼气，同样缓慢地默数到4。

→ 在呼气结束后，屏住呼吸，同时缓慢地数到4。

#3 拉长呼吸

你随时随地都可以练习放慢、加深和拉长呼吸。

你可以在入睡前，或在汽车、火车上，或在沐浴、睡觉时这样做。你很快就会发现，你越注意自己的呼吸模式，你就会越容易控制自己放慢并拉长呼吸。

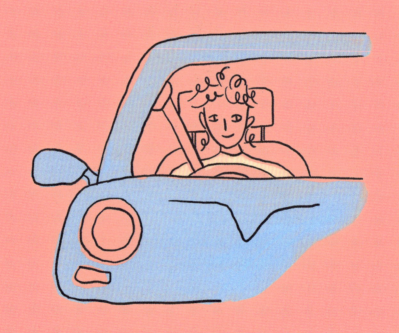

→ 通过前面的练习，你会发现你的呼吸轻快地适应了这个节奏，现在可以开始尝试拉长呼吸了。继续前面的练习，从默数到4开始，逐渐默数到5，最终一直默数到10，甚至更多。

锻炼 "脑筋"（思考力）

锻炼 "脑筋" 并不是说要每天玩拼字游戏，尽管这不会有什么坏处！哈佛大学的科学家报告称，每天冥想40分钟的人比不冥想的人脑容量更大。

研究人员惊讶地发现，坚持做冥想的人，其大脑中那些与注意力和感官信息相关的部分，以及处理（思考）情绪和健康的大脑区域的大脑皮质厚度增加了。

这与生物学上的正常衰老过程完全相反。随着年龄的增长，这些区域的大脑皮质应该变得更薄，而不是更厚！

如果你能安静地坐一会儿，并且关注呼吸，那么你也能冥想并从中受益。

#4 如何冥想并开阔心胸？

信不信由你，你只需6个简单的步骤就可以做到这一点。

自
在
拉
伸
手
册

→ 找一个安静的地方坐好。在你的智能手机上设置一个5分钟的计时器（也可以设置时间更长的计时器来进行冥想）。

→ 找到一个舒适的坐姿，然后感觉一下自己今天的身体状况。

→ 专注于呼吸。使用本章中的任一呼吸练习帮助你建立与呼吸的联系。

→ 关注你的思绪游走得有多快、多远。头脑不喜欢静止，它会尽其所能让你重新回到忙碌的思考中去。所以，感谢它帮助你处理日常生活，但请它暂时休息一下。

→ 练习善待自己，不要为你游走的思绪感到沮丧。通常情况下，大脑会认为这样做是在帮你的忙。你需要继续把自己的注意力放在呼吸上。

→ 保持这种状态！当计时器响起的时候，感谢自己做了这样的练习。

→ 你已经完成了你的第一次冥想。研究表明，坚持练习，直到每天能做40分钟冥想，这有助于大脑功能的改善和思维速度的提高！

关于作者

苏珊是一位善于撰写健康及自助题材的作家。她专注于帮助人们克服身体的、心理的和精神上的挑战，从而使人们更好地享受生活。她研究过瑜伽和印度的传统理论，目前居住在英国的约克郡。

致　谢

感谢我的出版商凯特·波拉德，她认为本书可以帮助我们在不必离开舒适的家的前提下，暂时休息一下头脑，并且一点点运动起来。也要感谢我的编辑马特·汤姆森，感谢他在本书出版中一直保持温和与幽默。如果你正在呼吸，那么你已经做得很好——甚至是特别好了。感谢所有那些在曲折的道路上停下来与我分享一两次呼吸的人。他们知道我指的是谁，以及为什么对我来说，他们很重要。